EN KAFFEELSKERS OPSKRIFTSSAMLING

100 FORSKELLIGE OPSKRIFTER LIGE FRA KLASSISK CAPPUCCINO TIL SPECIALITET LATTES

Lærke Engström

Alle rettigheder forbeholdes.

Ansvarsfraskrivelse

Oplysningerne i denne e-bog er beregnet til at tjene som en omfattende samling af strategier, som forfatteren af denne e-bog har forsket i. Resuméer, strategier, tips og tricks er kun anbefalinger fra forfatteren, og læsning af denne e-bog garanterer ikke, at ens resultater nøjagtigt vil afspejle forfatterens resultater. Forfatteren af e-bogen har gjort enhver rimelig indsats for at give aktuelle og nøjagtige oplysninger til e-bogens læsere. Forfatteren og hans medarbejdere vil ikke blive holdt ansvarlige for eventuelle utilsigtede fejl eller udeladelser, der måtte blive fundet. Materialet i e-bogen kan indeholde oplysninger fra tredjeparter. Tredjepartsmateriale inkluderer meninger udtrykt af deres ejere. Som sådan påtager forfatteren af e-bogen sig ikke ansvar eller ansvar for noget tredjepartsmateriale eller udtalelser. Uanset om det er på grund af internettets udvikling eller de uforudsete ændringer i virksomhedens politik og redaktionelle retningslinjer for indsendelse, kan det, der er angivet som kendsgerning på tidspunktet for dette skrivende, blive forældet eller uanvendeligt senere.

E-bogen er copyright © 2023 med alle rettigheder forbeholdt. Det er ulovligt at videredistribuere, kopiere eller skabe afledt arbejde fra denne e-bog helt eller delvist. Ingen dele af denne rapport må reproduceres eller genudsendes i nogen som helst form uden udtrykkelig skriftlig og underskrevet tilladelse fra forfatteren.

INDHOLDSFORTEGNELSE

INDHOLDSFORTEGNELSE..4

INTRODUKTION..8

KAFFE-INFUSEREDE DESSERTER...10

    1. BÆR TIRAMISU.. 11
    2. CIKORIECREME BRULEE.. 13
    3. MOKKA FONDUE.. 15
    4. TIRAMISU... 17
    5. KRYDRET ITALIENSK SVESKE-BLOMME KAGE..................................... 20
    6. ITALIENSK KAFFE GRANITA.. 24
    7. HO NEY BEE CORTADO... 26
    8. KAFFE GRANIT... 28
    9. KAFFE GELATO... 30
    10. CHOK FULD AF CHOKOLADEIS... 32
    11. CHOKOLADE ROM-IS.. 35
    12. IRSK KAFFE... 37
    13. ICED DOBBELT CHOKOLADEMOUSSE... 40
    14. CAPPUCCINO FRAPPÉ.. 43
    15. FROSTED MOKKA BROWNIES... 45
    16. BISQUICK KAFFEKAGE.. 47
    17. KAFFE GELATINE DESSERT.. 50
    18. KAFFEMOUSSE... 52
    19. KAFFE-KOKOS AGAR DESSERT... 56
    20. ITALIENSK AFFOGATO.. 59

KAFFE MED TE...61

    21. HONG KONG TE BRYGGET MED KAFFE... 62
    22. ISKAFFE TE.. 64
    23. MALAYSISK KAFFE MED TE.. 66
    24. BOBLE TE ISKAFFE.. 68
    25. KAFFE OG EARL GREY BOBA MOCKTAIL... 70

26. Kaffe-bær grøn te...72

KAFFE MED FRUGT..74

27. Hindbær Frappuccino...75
28. Mango Frappe...77
29. Hindbær kaffe..79
30. julekaffe..81
31. Rig kokos kaffe..83
32. Chokolade Banan Kaffe...85
33. Schwarzwald kaffe...87
34. Maraschino kaffe..89
35. Chokolade mandel kaffe..91
36. Kaffe sodavand..93
37. Halvsød mokka...95
38. wiener kaffe..97
39. Espresso Romano...99

KAFFE MED KAKAO..101

40. Iced Mokka Cappuccino..102
41. Original iskaffe...104
42. Kaffe med Mokkasmag..106
43. Krydret mexicansk mokka..108
44. Chokolade kaffe..110
45. Pebermynte Mokka kaffe...112
46. Mokka italiensk espresso...114
47. Chokolade kaffe..116
48. Chokolade Amaretto kaffe...118
49. Chokolade Mint Kaffe Float...120
50. Kakao kaffe..122
51. Kakao Hasselnød Mokka..124
52. Chokolade mynte kaffe..126
53. Cafe Au Lait...128
54. Italiensk kaffe med chokolade..130
55. Halvsød mokka..132

KAFFE MED KRYDDERI...134

56. Orange Krydderi kaffe... 135
57. Krydret kaffefløder.. 137
58. Kardemomme krydret kaffe... 139
59. Cafe de Ola... 141
60. Vanilje mandel kaffe... 143
61. Arabisk Java... 145
62. Honning kaffe... 147
63. Cafe Vienna Desire.. 149
64. Kanelkrydret kaffe.. 151
65. Kanel Espresso.. 153
66. Mexicansk krydret kaffe... 155
67. vietnamesisk ægkaffe.. 157
68. tyrkisk kaffe.. 159
69. Græskarkrydrede latte... 161
70. Karamel Latte... 163

KAFFE MED ALKOHOL... 165

71. Rom kaffe... 166
72. Kahlua Irish Coffee... 168
73. Baileys irske cappuccino.. 170
74. Brandy kaffe... 172
75. Kahlua og chokoladesauce.. 174
76. Hjemmelavet kaffelikør... 176
77. Kahlua Brandy kaffe... 178
78. Lime Tequila Espresso... 180
79. Sødet brandy kaffe... 182
80. Middagsfest kaffe... 184
81. Sød ahornkaffe... 186
82. Dublin drøm.. 188
83. Di Saronno kaffe... 190
84. Baja kaffe.. 192
85. Praline kaffe.. 194
86. Vodka kaffe... 196
87. Amaretto cafe... 198
88. Cafe Au Cin.. 200
89. Pigget Cappuccino... 202

90. Gælisk kaffe 204
91. Rye Whisky kaffe 206
92. Cherry Brandy kaffe 208
93. Dansk kaffe 210
94. Whisky Shooter 212
95. Gode gamle irske 214
96. Bushmills Irish Coffee 216
97. Sort irsk kaffe 218
98. Cremet irsk kaffe 220
99. Gammeldags Irish Coffee 222
100. Flødelikør Latte 224

KONKLUSION 226

INTRODUKTION

Velkommen til den fortryllende verden af "En kaffeelskers opskriftssamling" Kaffe, morgenens eliksir og musen for utallige samtaler, er en kunst, der bringer glæde og trøst til mennesker over hele kloden. Denne opskriftssamling er en hyldest til den magi, der sker, når kvalitetsbønner møder kreative hænder. Fra den rige aroma af en friskbrygget kop til den fløjlsbløde konsistens, der danser på din gane, er hver tår af disse sammenkogter en rejse af glæde.

På disse sider finder du en række omhyggeligt udformede kaffeopskrifter, der hver især er designet til at løfte din kaffeoplevelse. Uanset om du leder efter et udbrud af energi til at starte din dag, et roligt øjeblik af trøst eller en smagfuld afslutning på et overdådigt måltid, passer vores opskrifter til enhver stemning og lejlighed. Vi har samarbejdet med kaffekendere og kulinariske eksperter for at sikre, at hver opskrift er et mesterværk, der kombinerer de fineste ingredienser med præcise teknikker.

Slut dig til os, når vi begiver os ud på denne sanseekspedition, hvor vi dykker ned i bønnernes, brygnes og videre verden. Fra klassiske blandinger, der har bestået tidens prøve, til innovative kreationer, der flytter smagsgrænserne, er "Brewing Bliss" din invitation til at udforske kaffens nuancer og alsidighed som aldrig før.

KAFFE-INFUSEREDE DESSERTER

1. **Bær tiramisu**

ingredienser

- 1 1/2 kop brygget kaffe
- 2 spsk Sambuca
- 1 spsk granuleret sukker
- 1-pund beholder mascarpone ost
- 1/4 kop tung fløde
- 2 spsk konditorsukker
- Ladyfinger cookies
- Kakaopulver
- 2 kopper blandede bær

Vejbeskrivelse

a) I en lav skål piskes 1 1/2 kop brygget kaffe, 2 spsk Sambuca og 1 spsk perlesukker sammen, indtil sukkeret er opløst. I en separat skål piskes en 1-punds beholder mascarponeost, 1/4 kop tung fløde og 2 spsk konditorsukker sammen.

b) Brug nok ladyfinger cookies til at dække bunden af en 8-tommer firkantet bradepande, dyp ladyfingers i kaffeblandingen og anbring dem i et jævnt lag i bunden af gryden. Fordel halvdelen af mascarponeblandingen ovenpå. Gentag de to lag. Drys med kakaopulver og 2 kopper blandede bær. Stil tiramisuen på køl i mindst 2 timer og op til 2 dage.

2. **Cikoriecreme brulee**

ingredienser

- 1 spsk smør
- 3 kopper tung fløde
- 1 1/2 dl sukker
- 1 kop cikorie kaffe
- 8 æggeblommer
- 1 kop råsukker
- 20 små sandkager

Vejbeskrivelse

a) Forvarm ovnen til 275 grader F. Smør 10 (4-ounce) ramekins. I en gryde kombineres fløde, sukker og kaffe ved middel varme.

b) Pisk indtil glat. I en lille røreskål piskes æggene til det er glat. Temperer æggeblommerne i den varme flødeblanding. Fjern fra varmen og afkøl. Hæld i de enkelte ramekins. Læg ramekinerne i et ovnfast fad.

c) Fyld fadet med vand, der kommer op af halvdelen af ramekinen. Sæt i ovnen på nederste rille og kog indtil midten er indstillet, cirka 45 minutter til 1 time.

d) Tag ud af ovnen og vand. Afkøl helt.

e) Stil på køl, indtil den er afkølet. Drys sukkeret over toppen, ryst det overskydende af. Ved hjælp af en håndblæser karamelliserede du sukkeret på toppen. Server flødebruleeen med sandkager.

3. **Mokka Fondue**

ingredienser

- 8 oz. Halvsød chokolade
- 1/2 kop varm espresso eller kaffe
- 3 spiseskefulde granuleret sukker
- 2 spiseskefulde smør
- 1/2 tsk vaniljeekstrakt

Vejbeskrivelse

a) Hak chokoladen i små stykker og stil til side
b) Varm espresso og sukker i fonduegryde ved lav varme
c) Tilsæt langsomt chokolade og smør under omrøring
d) Tilsæt vanilje
e) Valgfrit: Tilføj et skvæt Irish Cream
f) At dyppe: Englemadskage, æbleskiver, bananer, jordbær, pundkage, kringler, ananasstykker, skumfiduser

4. **Tiramisu**

Portioner: 6

Ingredienser :

- 4 æggeblommer
- ¼ kop hvidt sukker
- 1 spsk vaniljeekstrakt
- ½ kop piskefløde
- 2 kopper mascarpone ost
- 30 dame-fingre
- 1 ½ kopper iskold brygget kaffe opbevaret i køleskabet
- ¾ kop Frangelico likør
- 2 spiseskefulde usødet kakaopulver

Vejbeskrivelse

a) Pisk æggeblommer, sukker og vaniljeekstrakt sammen i et rørebassin, indtil det er cremet.

b) Derefter piskes piskefløden til den er fast.

c) Kombiner mascarponeosten og flødeskummet.

d) I en lille røreskål, fold mascarponen let i æggeblommerne og lad den stå til side.

e) Kombiner spiritus med den kolde kaffe.

f) Dyp lady-fingers i kaffeblandingen med det samme. Hvis lady-fingrene bliver for våde eller fugtige, bliver de bløde.

g) Læg halvdelen af lady-fingrene på bunden af en 9x13-tommer bageform.

h) Læg halvdelen af fyldblandingen ovenpå.

i) Læg de resterende lady-fingre ovenpå.

j) Læg et låg over fadet. Derefter afkøles i 1 time.

k) Støv med kakaopulver.

5. **Krydret italiensk sveske-blomme kage**

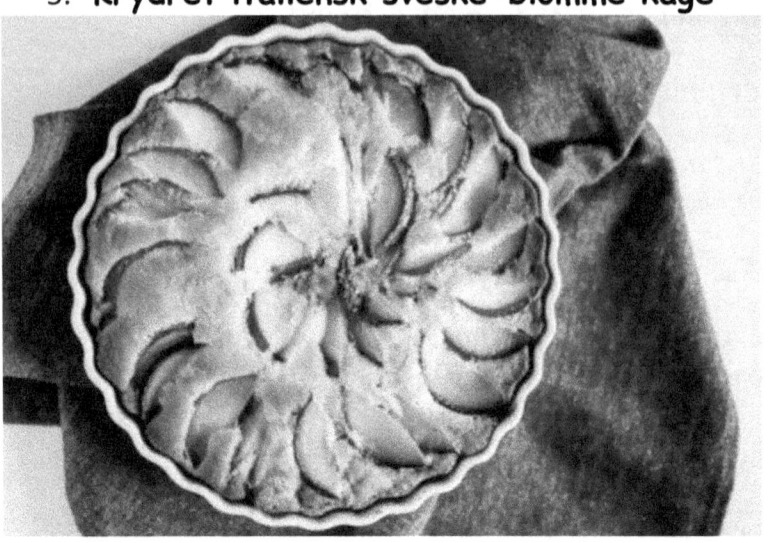

Portioner : 12 portioner

Ingrediens

- 2 kopper Udstenede og kvartede italienske
- Svesker-blommer, kogt indtil
- Blød og afkølet
- 1 kop Usaltet smør, blødgjort
- 1¾ kopper Melis
- 4 Æg
- 3 kopper Sigtet mel
- ¼ kop Usaltet smør
- ½ pund Flormelis
- 1½ spsk Usødet kakao
- Knib salt
- 1 tsk Kanel
- ½ tsk Kværnede nelliker
- ½ tsk Jordnøddermus
- 2 teskefulde Bagepulver
- ½ kop Mælk

- 1 kop Valnødder, finthakkede
- 2 Til 3 spsk stærk, varm
- Kaffe
- ¾ teskefuld Vanilje

Kørselsvejledning :

a) Forvarm ovnen til 350°F. Smør og mel en 10-tommers Bundt-pande.

b) I en stor rørebassin, flød smør og sukker sammen, indtil det er let og luftigt.

c) Pisk æggene i et efter et.

d) Bland mel, krydderier og bagepulver i en sigte. I tredjedele tilsættes melblandingen til smørblandingen skiftevis med mælken. Pisk kun for at kombinere ingredienserne.

e) Tilsæt de kogte sveskeblommer og valnødder og rør rundt. Vend i forberedt gryde og bag i 1 time i en 350° F ovn, eller indtil kagen begynder at krympe fra pandens sider.

f) For at lave frostingen, flød smør og konditorsukker sammen. Tilsæt gradvist sukker og kakaopulver, under konstant omrøring, indtil det er helt blandet. Smag til med salt.

g) Rør en lille mængde kaffe i ad gangen.

h) Pisk til det er let og luftigt, tilsæt derefter vanilje og pynt kagen.

6. Italiensk kaffe Granita

ingredienser

- 4 kopper vand
- 1 kop malet espresso-ristet kaffe
- 1 kop sukker

Kørselsvejledning :

a) Bring vandet i kog, og tilsæt derefter kaffen. Hæld kaffen gennem en si. Tilsæt sukkeret og bland godt. Lad blandingen afkøle til stuetemperatur.

b) Steg ingredienserne i en 9x13x2 pande i 20 minutter. Brug en flad spatel til at skrabe blandingen (jeg kan godt lide at bruge en gaffel personligt).

c) Skrab hvert 10.-15. minut, indtil blandingen er tyk og grynet. Hvis der dannes tykke bidder, purér dem i en foodprocessor, inden de sættes tilbage i fryseren.

d) Server med en lille klat kold fløde i en smuk, afkølet dessert eller Martini klasse.

7. **Ho ney bee cortado**

Ingredienser :

- 2 shots espresso
- 60 ml dampet mælk
- 0,7 ml vaniljesirup
- 0,7 ml honningsirup

Kørselsvejledning :

a) Lav et dobbelt espressoshot.

b) Bring mælken i kog.

c) Vend kaffen med vanilje- og honningsirupperne og rør godt rundt.

d) Skum et tyndt lag ovenpå kaffe/sirup-blandingen ved at tilsætte lige dele mælk.

8. Kaffe granit

ingredienser

- 3 kopper frisklavet meget stærk sort kaffe
- 1/3 kop superfint sukker
- 1/4 tsk ren vaniljeekstrakt
- 1 kop vand, afkølet
- 1 kop piskefløde
- 2 spsk ristede hasselnødder

Vejbeskrivelse

a) Bland den varme kaffe, sukker og vanilje sammen. Lad afkøle, rør af og til, indtil sukkeret er opløst. Tilsæt det afkølede vand og hæld det i en frysebeholder.

b) Frys til det er slasket. Bryd let op med en gaffel, og fortsæt derefter frysningen, indtil den er næsten fast.

c) Kværn de fleste nødder fint og knus resten groft. Pisk fløden til den er skummende og vend de hakkede nødder i. Stil i fryseren de sidste 15 minutter inden servering.

d) Chill 4 til 6 høje glas. Tag granitaen ud af fryseren og bryd den op med en gaffel. Fyld de afkølede glas med kaffeiskrystallerne. Top med en hvirvel af isen og drys et par af de knuste nødder på. Genfrys ikke længere end en time, og server derefter direkte fra fryseren.

9. Kaffe gelato

ingredienser

- 1 1/4 dl lys fløde
- 5 æggeblommer
- 1/2 kop superfint sukker
- 1 tsk ren vaniljeekstrakt
- 1 1/4 kop friskbrygget ekstra stærk espresso

Vejbeskrivelse

a) Varm fløden op, indtil den lige begynder at boble, og køl derefter lidt af.
b) I en stor varmefast skål pisk æggeblommer, sukker og vanilje, indtil det er tykt og cremet. Pisk den varme fløde og kaffe i, og stil derefter skålen over en gryde med let simrende vand. Rør konstant med en træske, indtil cremecremen lige akkurat dækker bagsiden af skeen.
c) Tag skålen af varmen og lad den køle af. Når det er helt afkølet, hældes det i en ismaskine og behandles i henhold til producentens anvisninger, eller brug håndblandingsmetoden . Stop med at kærne, når den er næsten fast, overfør den til en frysebeholder og lad den stå i fryseren i 15 minutter før servering, eller indtil den skal bruges.
d) Denne gelato er lækker frisk, men den kan fryses i op til 3 måneder. Tages ud 15 minutter før servering for at blive lidt blødere.
e) Gør omkring 1 1/4 pints

10. Chok fuld af chokoladeis

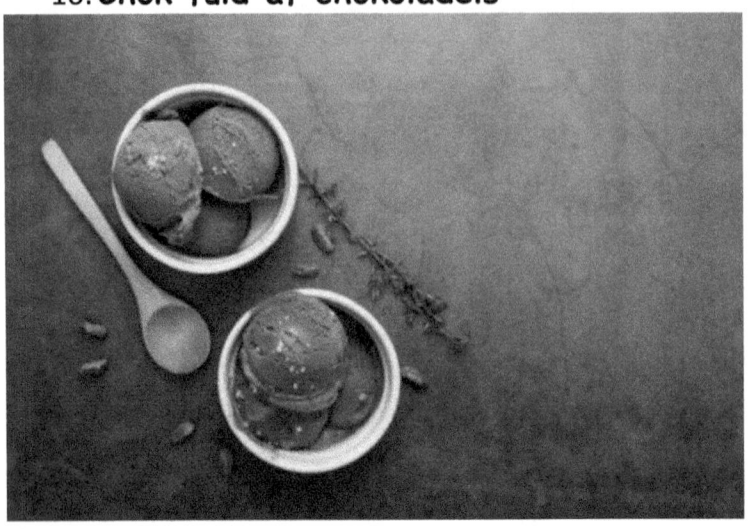

ingredienser

- 3 ounces usødet chokolade, groft hakket
- 1 (14 ounce) dåse sødet kondenseret mælk
- 1 1/2 tsk vaniljeekstrakt
- 4 spsk usaltet smør
- 3 æggeblommer
- 2 ounce halvsød chokolade
- 1/2 kop stærk sort kaffe
- 3/4 kop granuleret sukker
- 1/2 kop let fløde
- 1 1/2 tsk mørk rom
- 2 spsk hvid crème de cacao
- 2 kopper tung fløde
- 2 ounces usødet chokolade, fint revet
- 1/4 tsk salt

Vejbeskrivelse

a) I en dobbelt kedel, smelt 3 ounces usødet chokolade. Tilsæt mælk under omrøring indtil glat. Rør vaniljeekstrakt i og fjern fra varmen.

b) Skær smør i fire lige store stykker og tilsæt, et stykke ad gangen, under konstant omrøring, indtil al numsen er inkorporeret. Pisk æggeblommer indtil lys og citronfarve.

c) Rør gradvist chokoladeblandingen i og fortsæt med at røre, indtil den er glat og cremet. Sæt til side.

d) I en dobbeltkedel opvarmes 2 ounce halvsød chokolade, kaffe, sukker og let fløde. Rør konstant indtil glat. Rør rom og crème de cacao i og lad blandingen køle af til stuetemperatur.

e) Kombiner begge chokoladeblandinger, tung fløde, revet usødet chokolade og slat i en stor skål. Hæld blandingen i en isfryserbeholder og frys i henhold til producentens anvisninger.

11. Chokolade rom-is

ingredienser

- 1/4 kop vand
- 2 spsk instant kaffe
- 1 (6 ounce) pakke halvsød chokoladechips
- 3 æggeblommer
- 2 ounce mørk rom
- 1 1/2 dl tung fløde, pisket
- 1/2 kop skivede mandler, ristede

Vejbeskrivelse

a) Kom sukker, vand og kaffe i en lille gryde. Under konstant omrøring, bring i kog og kog i 1 minut. Kom chokoladechips i en blender eller foodprocessor, og med motoren kørende hældes den varme sirup over og blendes til en jævn masse. Pisk æggeblommer og rom i og afkøl let. Fold chokoladeblandingen i flødeskum, og hæld derefter i individuelle serveringsfade eller et bombéfad. Drys med ristede mandler. Fryse.

b) For at servere skal du tage den ud af fryseren mindst 5 minutter før servering.

12. **Irsk kaffe**

ingredienser

- 1 kop sødmælk
- 1½ spsk instant kaffe eller espressopulver
- ⅔ kop brun farin, pakket
- 1 stort æg
- 3 store æggeblommer
- ¼ kop irsk whisky
- ½ tsk vaniljeekstrakt
- 2 kopper tung fløde

Vejbeskrivelse

a) Kombiner mælk, instant kaffe og sukker i en mellemstor gryde. Kog over medium varme under omrøring for at opløse sukkeret, indtil blandingen koger op.

b) Pisk æg og æggeblommer sammen i en stor skål. Når mælkeblandingen koger, tages den af varmen og langsomt hældes den ned i æggeblandingen for at temperere den, mens du pisker konstant.

c) Når al mælkeblandingen er tilsat, vend den tilbage i gryden og fortsæt med at koge over medium varme under konstant omrøring, indtil blandingen er tyknet nok til at dække bagsiden af en ske, 2 til 3 minutter. Fjern fra varmen og rør whisky, vanilje og fløde i.

d) Afkøl mælkeblandingen til stuetemperatur, dæk derefter til og stil den på køl, indtil den er godt afkølet, 3 til 4 timer eller natten over. Hæld den afkølede blanding i en ismaskine og frys ned som anvist.

e) Overfør isen til en frysesikker beholder og stil den i fryseren. Lad det stivne i 1 til 2 timer før servering.

13. Iced dobbelt chokolademousse

ingredienser

- 3 til 4 spiseskefulde meget varm mælk
- 1 (1/4-oz.) konvolut uaromatiseret gelatine
- 1 1/2 dl hvide chokoladestykker
- 4 spiseskefulde (1/2 stav) usaltet smør
- 2 store æggehvider
- 1/2 kop superfint sukker
- 1/2 kop finthakket mørk chokolade (du vil beholde noget tekstur)
- 1/2 kop tung fløde, let pisket
- 1/2 kop græsk yoghurt
- 18 chokoladeovertrukne kaffebønner eller rosiner
- 1 tsk usødet kakaopulver, sigtet

Vejbeskrivelse

a) Drys gelatinen på den varme mælk og rør rundt for at opløses. Om nødvendigt, mikroovn i 30 sekunder for at hjælpe det med at opløses. Smelt den hvide chokolade og smør forsigtigt til det er glat. Rør den opløste gelatine i og stil den til afkøling, men lad den ikke stivne igen. Pisk æggehviderne stive, pisk derefter sukkeret gradvist i og vend den mørke chokolade i.

b) Vend forsigtigt den afkølede hvide chokolade, flødeskum, yoghurt og æggehvider sammen. Hæld blandingen i 6 individuelle forme, eller en stor form, foret med plastfolie for nem udstøbning. Flad toppen pænt ud. Dæk til og frys i 1 til 2 timer eller natten over.

c) Til servering løsnes de øverste kanter med en lille kniv. Vend hver form på en serveringsplade og tør af med en varm klud, eller løs forsigtigt moussen ud med plastfolien. Sæt mousserne tilbage i fryseren, indtil de skal spises. Server med chokoladeovertrukne kaffebønner eller rosiner og en let sigtning af pulveriseret chokolade.

14. Cappuccino frappé

ingredienser

- 4 spiseskefulde kaffelikør
- 1/2 kop kaffe gelato
- 4 spsk rom
- 1/2 kop tung fløde, pisket
- 1 spsk usødet kakaopulver, sigtet

Vejbeskrivelse

a) Hæld likøren i bunden af 6 frysesikre glas eller kopper, og køl godt eller frys.
b) Tilbered gelatoen som anvist, indtil den er delvis frossen. Pisk derefter rommen i med en elektrisk røremaskine, indtil den er skummende, hæld straks den frosne likør over, og frys igen, indtil den er fast, men ikke hård.
c) Sprøjt flødeskummet over gelatoen. Drys generøst med kakaopulver og sæt tilbage i fryseren i et par minutter, indtil du er helt klar til at servere.

15. Frosted Mokka Brownies

ingredienser

- 1 c. sukker
- 1/2 c. smør, blødgjort
- 1/3 c. bagning af kakao
- 1 t. instant kaffe granulat
- 2 æg, pisket
- 1 t. vanille ekstrakt
- 2/3 c. mel til alle formål
- 1/2 t. bagepulver
- 1/4 t. salt
- 1/2 c. hakkede valnødder

Vejbeskrivelse

a) Kom sukker, smør, kakao og kaffegranulat i en gryde. Kog og rør ved middel varme, indtil smørret er smeltet. Fjern fra varmen; Afkøl i 5 minutter. Tilsæt æg og vanilje; rør til det lige er blandet.
b) Blend mel, bagepulver og salt i; fold nødderne i. Fordel dejen i en smurt 9"x9" bradepande. Bages ved 350 grader i 25 minutter, eller indtil de er stivnet.
c) Afkøl i en gryde på en rist. Fordel Mocha Frosting over afkølede brownies; skæres i stænger. Gør et dusin.

16. Bisquick kaffekage

ingredienser

Kaffe kage:
- 2 kopper Bisquick mix
- 2 spsk sukker
- 2/3 kop mælk
- 1 æg

Kanel Streusel Topping:
- 1 kop Bisquick mix
- 2/3 kop brun farin let pakket
- 2 tsk stødt kanel
- 1/4 kop usaltet smør

Vejbeskrivelse

Til Streusel Topping
a) I en mellemskål blandes Bisquickmix, brun farin og kanel sammen.
b) Tilsæt smør i tern. Brug hænderne til at smuldre smørret i den tørre blanding.

Til Kaffekagen
c) Forvarm ovnen til 350°F. Beklæd en 8×8-tommer bradepande med bagepapir eller smør den. Sæt til side.
d) I en stor røreskål kombineres Bisquickmix, sukker, mælk og æg med en spatel. Skrab skålen ned.
e) Hæld kagedejen i det tilberedte bradefad og glat ud.
f) Drys streusel topping jævnt over dejen.
g) Bages i 20-25 minutter, eller indtil en tandstik i midten kommer ren ud.

h) Lad det køle af i gryden i 20 minutter, inden det skæres. Server og nyd!

17.   Kaffe Gelatine Dessert

Portioner: 5

ingredienser

- ¾ kop hvidt sukker
- 3 (0,25 ounce) konvolutter uaromatiseret gelatinepulver
- 3 kopper varmbrygget kaffe
- 1 ⅓ kopper vand
- 1 spsk citronsaft
- 1 kop sødet flødeskum til pynt

Vejbeskrivelse

a) I en gryde røres sukker og gelatine sammen. Bland i varm kaffe og vand. Kog over lav varme, omrør jævnligt, indtil gelatine og sukker er helt opløst. Fjern fra varmen, og rør citronsaft i. Hæld i en 4 1/2 kop form.

b) Stil på køl, indtil den er stivnet, mindst 6 timer eller natten over. Server med flødeskum.

18. Kaffemousse

Portioner: 4 personer

ingredienser

- 2 1/2 spsk strøsukker
- 4 æg
- 3/4 kop + 2 spiseskefulde Heavy Cream
- 3 spiseskefulde instant kaffepulver
- 1 spsk usødet kakaopulver
- 1 tsk gelatinepulver
- 1 spsk instant kaffepulver og kakaopulver, blandet - valgfrit, for at afslutte moussen

Vejbeskrivelse

a) Adskil æggeblommer og hvider. Læg æggeblommerne i en stor skål og hviderne i skålen på din mixer. Sæt til side.

b) Læg gelatinepulveret i en lille skål med koldt vand, bland og stil det til side til at trække.

c) Tilsæt strøsukkeret til æggeblommerne og pisk, indtil det er skummende og lysere i farven.

d) Kom den tunge fløde, instant kaffepulveret og kakaopulveret i en lille gryde og varm det op ved lav varme, indtil pulveret er opløst, under omrøring af og til. Lad ikke fløden koge.

e) Hæld den varme tunge fløde over æggeblomme og sukker, mens du pisker. Pisk godt og kom derefter tilbage i gryden ved lav varme. Bliv ved med at piske, indtil cremen begynder at tykne, og tag derefter direkte af varmen og kom tilbage i en stor, ren skål.

f) Tilsæt den genhydrerede gelatine til cremen og pisk godt, indtil den er fuldstændig integreret. Stil til side for at køle helt af.

g) Mens cremen køler af, begynder du at piske æggehviderne for at få stive toppe.

h) Når cremen er afkølet, vend forsigtigt de piskede æggehvider i 3 til 4 gange. Prøv ikke at overanstrenge cremen.

i) Hæld kaffemoussen i individuelle kopper eller krukker og stil den i køleskabet i mindst 2 timer.

j) Valgfrit: Når du er klar til servering, drysser du lidt instant kaffepulver og kakaopulver over mousserne for at afslutte dem.

19.   Kaffe-Kokos Agar Dessert

Serverer: 4 portioner

ingredienser

- 1 1/2 kopper usødet kokosmælk, almindelig eller fedtfattig
- 1 kop mælk
- 1 kop granuleret sukker, delt
- 2 spsk agarpulver, delt
- 1 tsk salt
- 2 spsk instant kaffe granulat
- 3 kopper vand

Vejbeskrivelse

a) Tilsæt kokosmælk, mælk, 1/4 kop sukker, 1 spiseskefuld agarpulver og salt i en 1-liters gryde; pisk blandingen sammen og bring den i et hårdt kog ved middel-høj varme, pas på ikke at lade væsken koge over. Efter at kokosmælkblandingen har kogt hårdt i 30-40 sekunder, tages gryden af komfuret.

b) Hæld kokosmælkblandingen i form(e) efter eget valg. Lad det køle af.

c) Pisk i mellemtiden de resterende 3/4 kop sukker, 1 spsk agar, instant kaffe og vand sammen i en anden gryde og bring det i et hårdt kog over medium-høj varme. Når blandingen har kogt i 30-40 sekunder, tages gryden af komfuret.

d) Tjek om kokosnødsagarlaget er stivnet. Man ønsker ikke, at det skal være helt solidt; ellers klistrer de to lag ikke sammen og glider af hinanden, når du serverer desserten. Med din finger rører du let ved overfladen af kokosnøddegarlaget for at se, om der er modstand på overfladen. Hvis ja, hold gryden så tæt på overfladen af kokosnøddelaget som muligt, og hæld meget forsigtigt kaffelaget oven på det forrige lag.

e) Lad agaren stivne. Dette bør tage omkring 40 til 45 minutter ved stuetemperatur og 20 minutter i køleskabet.

20.   italiensk Affogato

Portioner 1 portion

ingredienser
- 2 kugler vaniljeis af høj kvalitet
- 1 skud espresso
- 1 spsk nødde- eller kaffelikør (valgfrit)
- mørk chokolade, til at rive ovenpå

Vejbeskrivelse

a) Bryg en espresso (en pr. person). Kom 1-2 kugler vaniljeis i et bredt glas eller en skål og hæld et skud espresso over.

b) Hæld 1 spsk nocino-nøddelikør eller din valgfri likør over isen og riv lidt mørk chokolade over.

KAFFE MED TE

21. Hong Kong te brygget med kaffe

ingredienser

- 1/4 kop sorte teblade
- 4 1/2 kopper brygget kaffe
- 5-8 spsk sukker
- 3/4 kop halv og halv

Vejbeskrivelse

a) Bryg først dine sorte teblade i 4 1/2 kopper vand. Mens teen trækker, brygg din kaffe med din foretrukne metode. Sørg for, at både te og kaffe er ret stærke!

b) Når kaffen og teen er klar, kombiner du dem i en stor skål eller karaffel. Rør sukkeret i kaffe/te-blandingen og tilsæt det halve og det halve. Rør grundigt rundt og server!

c) Dette giver 8-10 portioner afhængig af krusets størrelse. Du kan også servere denne te afkølet eller med is!

22. Iskaffe te

ingredienser

- kaffe
- mild te
- is
- flødekande valgfri
- sukker valgfrit

Vejbeskrivelse

a) Sæt kaffe K-kopindsatsen i maskinen. Tilføj is til kop eller glas. Placer teposen vandret oven på isen for at lade brygget kaffe flyde gennem teposen, mens den hældes. Lad trække i et par sekunder, efter at brygningen er stoppet. Tryk på teposen, pas på ikke at sprænge posen, og fjern den fra glasset og kassér den.

b) Tilsæt flødekande eller sukker, hvis det ønskes.

23. Malaysisk kaffe med te

ingredienser

- 1¾ kop (438 ml) vand
- 9 teskefulde (18 g) løst blad Ceylon sort te
- ⅓ kop (67 g) Turbinado Sukker
- 1 ⅔ kopper (417 ml) inddampet mælk
- 1½ kop (375 ml) stærk kaffe, varm

Vejbeskrivelse

a) I en gryde blandes vand med tebladene. Bring i kog over middel varme, reducer varmen til lav og lad det simre; 5 minutter. Teen skal være ret mørk.

b) Fjern gryden eller sluk for varmen. Rør straks Turbinado-sukkeret i, indtil sukker for det meste er opløst; 1 minut.

c) Rør den inddampede mælk i. Sæt gryden tilbage på medium varme. Bring blandingen i kog, reducer varmen til lav og lad det simre; 3 minutter.

d) Si teblandingen ved hjælp af en finmasket sigte foret med ostelærred, eller fjern teposer, hvis du bruger.

e) Hæld den varme kaffe i; bland grundigt.

24. Boble te iskaffe

ingredienser

- Isterninger
- Din yndlingskaffe, nok brygget til 4 kopper
- 3/4 kop hurtigkogende tapiokaperler
- 1/2 kop sødmælk
- 1/2 kop kondenseret mælk
- Boble te sugerør

Vejbeskrivelse

a) Gem din færdigbryggede kaffe i køleskabet for at køle helt af - et par timer eller natten over er bedst.

b) Kog tapiokaperlerne efter anvisningen på pakken. (Lad være med at koge dem, før du er lige ved at servere – de stivner hurtigt.) Lad afkøle i en skål med koldt vand.

c) Overfør og del tapiokaen i fire tomme glas. Hæld kold kaffe i.

d) I en kande piskes forsigtigt mælk og kondenseret mælk sammen. Fordel jævnt i kaffeglas (åh, se hvor smukt det hele snurrer!).

e) Top med et par isterninger, stik i et sugerør, og server pronto.

25. Kaffe og Earl Grey Boba Mocktail

ingredienser

- 4 ounce Chameleon Cold-Brew Vanilje kaffekoncentrat
- 3 ounce Earl Grey te
- 2 ounces flyder (mælkedrik efter eget valg)
- Tapiokaperler (Boba) belagt med honning eller sukker
- Et strejf af kardemomme drysset ovenpå

Vejbeskrivelse

a) Forbered boba og overtræk med honning eller sukker.

b) Bryg Earl Grey te og chill.

c) Dæk bunden af glasset med boba og lidt af sukkeret.

d) Kombiner Chameleon Cold-Brew Vaniljekaffekoncentrat og Earl Grey.

e) Hæld over boba.

f) Top med fløde eller mælkedrik efter eget valg.

g) Drys kardemomme over toppen og nyd!

26. Kaffe-bær grøn te

ingredienser

- 1 pose med grøn te
- 1/3 kop kaffe-frugtdrik (såsom Kona eller Bai mærker)
- 1 tsk revet appelsinskal
- Kanelstænger
- 1 tsk honning
- 3 basilikumblade

Vejbeskrivelse

a) Tilføj en grøn tepose til 6 oz i et stort krus. kogende vand.

b) Tilsæt kaffe-frugtdrik og appelsinskal. Brug kanelstænger til at røre honning i.

c) Riv basilikumblade og tilsæt til te. Stejl, tildækket, i 5 minutter. Fjern tepose. Serveres varm.

KAFFE MED FRUGT

27. Hindbær Frappuccino

Ingredienser :
- 2 kopper knuste isterninger
- 1 1/4 kop - ekstra stærk brygget kaffe
- 1/2 kop mælk
- 2 spsk vanilje- eller hindbærsirup
- 3 spsk chokoladesirup
- Flødeskum

Vejbeskrivelse
a) Kom isterninger, kaffe, mælk og sirupper i en blender.
b) Blend til det er pænt glat.
c) Hæld i afkølede høje serveringskrus eller sodavandsfontæneglas.
d) Top med flødeskum, chokoladedryp og hindbærsirup på toppen.
e) Tilføj et maraschino kirsebær, hvis det ønskes

28. Mango Frappe

Ingredienser :
- 1 1/2 kop mango, skåret i stykker
- 4-6 isterninger
- 1 kop mælk
- 1 spsk citronsaft
- 2 spsk sukker
- 1/4 tsk vaniljeekstrakt

Vejbeskrivelse
a) Stil den udskårne mango i fryseren i 30 minutter
b) Kom mango, mælk, sukker, citronsaft og vanilje i en blender. Blend indtil glat.
c) Tilsæt isterninger og bearbejd, indtil terningerne også er glatte.
d) Server straks.

29. Hindbær kaffe

Ingredienser :
- 1/4 kop brun farin
- Kaffegrums til en 6 kopper kande almindelig kaffe
- 2 teskefulde hindbærekstrakt

Vejbeskrivelse
a) Læg hindbærekstrakt i den tomme kaffekande
b) Læg farin og kaffegrums i et kaffefilter
c) Tilsæt de 6 kopper vand til toppen og bryg gryden.

30. julekaffe

Ingredienser :
- 1 kande kaffe (ækvivalent med 10 kopper)
- 1/2 kop sukker
- 1/3 kop vand
- 1/4 kop usødet kakao
- 1/4 tsk kanel
- 1 knivspids revet muskatnød
- Piskefløde til topping

Vejbeskrivelse
a) Forbered en kande kaffe.
b) I en mellemstor gryde varmes vandet op til et lavt kogepunkt. Tilsæt sukker, kakao, kanel og muskatnød.
c) Bring tilbage til et lavt kogepunkt i cirka et minut – rør af og til.
d) Kombiner kaffe og kakao/krydderiblanding og server toppet med flødeskum.

31. Rig kokos kaffe

Ingredienser :
- 2 kopper Halv og halv
- 15 oz. Kan creme af kokos
- 4 kopper varmbrygget kaffe
- Sødet flødeskum

Vejbeskrivelse
a) Bring halv og halv og fløde af kokos i kog i en gryde ved middel varme under konstant omrøring.
b) Rør kaffe i.
c) Server med sødet flødeskum.

32. Chokolade Banan Kaffe

Ingredienser :
- Lav en 12 kopper kande af din almindelige kaffe
- 1 / 2-1 tsk bananekstrakt
- Tilsæt 1-11/2 tsk kakao

Vejbeskrivelse
a) Forene
b) Så enkelt...og perfekt til et hus fyldt med gæster

33. Schwarzwald kaffe

Ingredienser :
- 6 oz. Friskbrygget kaffe
- 2 spsk chokoladesirup
- 1 spiseskefuld Maraschino kirsebærjuice
- Flødeskum
- Barberet chokolade
- Maraschino kirsebær

Vejbeskrivelse
a) Kombiner kaffe, chokoladesirup og kirsebærjuice i en kop. Bland godt.
b) Top med flødeskum chokoladespåner og et kirsebær eller 2.

34. Maraschino kaffe

Ingredienser :
- 1 kop sort kaffe
- 1 oz. Amaretto
- Rediwhip Pisket topping
- 1 Maraschino kirsebær

Vejbeskrivelse
a) Fyld kaffekrus eller kop med varm sort kaffe. Rør amarettoen i.
b) Top med rediwhip pisket topping og et kirsebær.

35. Chokolade mandel kaffe

Ingredienser :
- 1/3 kop malet kaffe
- 1/4 tsk friskkværnet muskatnød
- 1/2 tsk chokoladeekstrakt
- 1/2 tsk mandelekstrakt
- 1/4 kop ristede mandler, hakkede

Vejbeskrivelse
a) Behandl muskatnød og kaffe, tilsæt ekstrakter. Bearbejd 10 sekunder længere. Kom i en skål og rør rundt i mandler. Opbevares i køleskab.
b) Gør 8 seks ounce portioner. For at brygge: Placer blandingen i filteret på en automatisk dryp kaffemaskine.
c) Tilsæt 6 kopper vand og bryg

36. Kaffe sodavand

Ingredienser :
- 3 kopper afkølet dobbeltstyrket kaffe
- 1 spiseskefuld sukker
- 1 kop Halv og halv
- 4 kugler (1 pint) kaffeis
- 3/4 kop afkølet club sodavand
- Sødet flødeskum
- 4 Maraschino kirsebær,
- Pynt - chokoladekrøller eller kakao

Vejbeskrivelse
a) Bland kaffe- og sukkerblandingen i det halve og det halve.
b) Fyld 4 høje sodavandsglas halvt op med kaffeblandingen
c) Tilsæt en kugle is og fyld glassene til toppen med sodavand.
d) Pynt med flødeskum, chokolade eller kakao.
e) Fantastisk godbid til fester
f) Brug en koffeinfri til fester med unge

37. Halvsød mokka

Ingredienser :
- 4 oz. Halvsød chokolade
- 1 spiseskefuld sukker
- 1/4 kop piskefløde
- 4 kopper varm stærk kaffe
- Flødeskum
- Revet appelsinskal

Vejbeskrivelse
a) Smelt chokoladen i en tyk gryde ved svag varme.
b) Rør sukker og piskefløde i.
c) Pisk kaffe i med et piskeris, 1/2 kop ad gangen; fortsæt indtil skummende.
d) Top med flødeskum og drys med revet appelsinskal.

38. wiener kaffe

Ingredienser :
- 2/3 kop tør instant kaffe
- 2/3 kop sukker
- 3/4 kop pulveriseret ikke-mejeri flødekande
- 1/2 tsk kanel
- Dash hver af stødt allehånde, nelliker og muskatnød.

Vejbeskrivelse
a) Bland alle ingredienser sammen og opbevar i en lufttæt krukke.
b) Bland 4 teskefulde med en kop varmt vand.
c) Dette er en vidunderlig gave.
d) Læg alle ingredienser i en dåsebeholder.
e) Pynt med et bånd og hæng tag.
f) Ophængningsmærket skal have blandevejledningen skrevet på maskin.

39. Espresso Romano

Ingredienser :
- 1/4 kop finmalet kaffe
- 1 1/2 dl koldt vand
- 2 strimler citronskal

Vejbeskrivelse
a) Placer malet kaffe i filteret på en dryp kaffekande
b) Tilsæt vand og brygg i henhold til maskinens bryggeanvisning
c) Tilføj citron til hver kop
d) Tjene

KAFFE MED KAKAO

40. Iced Mokka Cappuccino

Ingredienser :
- 1 spsk chokoladesirup
- 1 kop varm dobbelt espresso eller meget stærk kaffe
- 1/4 kop halv og halv
- 4 isterninger

Vejbeskrivelse
a) Rør chokoladesiruppen i den varme kaffe, indtil den er smeltet. I en blender kombineres kaffen med halv-og-halvt og isterningerne.
b) Blend ved høj hastighed i 2 til 3 minutter.
c) Server straks i et højt koldt glas.

41. Original iskaffe

Ingredienser :
- 1/4 kop kaffe; øjeblikkelig, almindelig eller koffeinfri
- 1/4 kop sukker
- 1 liter eller liter kold mælk

Vejbeskrivelse

a) Opløs instant kaffe og sukker i varmt vand. Rør 1 liter eller liter kold mælk i og tilsæt is. For mokka smag, brug chokolademælk og tilsæt sukker efter smag.

b) Opløs 1 spiseskefuld instant kaffe og 2 teskefulde sukker i 1 spiseskefuld varmt vand.

c) Tilsæt 1 kop kold mælk og rør rundt.

d) Du kan søde med et sødemiddel med lavt kalorieindhold i stedet for sukker

42. Kaffe med Mokkasmag

Ingredienser :
- 1/4 kop ikke-mejeri flødekande tør
- 1/3 kop sukker
- 1/4 kop tør instant kaffe
- 2 spsk kakao

Vejbeskrivelse
a) Kom alle ingredienser i en røremaskine, pisk højt indtil det er godt blandet. Bland 1 1/2 spiseskefulde skeer med en kop varmt vand.
b) Opbevares i en lufttæt krukke. Såsom en dåsekrukke.

43. Krydret mexicansk mokka

Ingredienser :
- 6 ounces stærk kaffe
- 2 spiseskefulde pulveriseret sukker
- 1 spsk usødet malet chokoladepulver
- 1/4 tsk vietnamesisk kassiakanel
- 1/4 tsk jamaicansk allehånde
- 1/8 tsk cayennepeber
- 1-3 spiseskefulde Heavy Cream eller halv og halv

Vejbeskrivelse
a) I en lille skål blandes alle tørre ingredienser sammen.
b) Hæld kaffen i et stort krus, rør kakaoblandingen i, indtil den er glat.
c) Tilsæt derefter fløden efter smag.

44. Chokolade kaffe

Ingredienser :
- 2 spiseskefulde instant kaffe
- 1/4 kop sukker
- 1 streg Salt
- 1 oz. Firkanter usødet chokolade
- 1 kop vand
- 3 kopper mælk
- Flødeskum

Vejbeskrivelse
a) Kombiner kaffe, sukker, salt, chokolade og vand i en gryde; rør ved svag varme, indtil chokoladen er smeltet. Kog 4 minutter under konstant omrøring.
b) Tilsæt gradvist mælk, under konstant omrøring, indtil det er opvarmet.
c) Når den er rygende varm, tages den af varmen og piskes med en rotationspisker, indtil blandingen er skummende.
d) Hæld i kopper og sejl en klat flødeskum på overfladen af hver.

45. Pebermynte Mokka kaffe

Ingredienser :
- 6 kopper friskbrygget kaffe
- 1 1/2 kopper mælk
- 4 ounce semi-sød chokolade
- 1 tsk pebermynteekstrakt
- 8 pebermyntestænger

Vejbeskrivelse
a) Kom kaffe, mælk, chokolade i en stor gryde ved lav varme i 5-7 minutter eller indtil chokoladen er smeltet, blandingen er opvarmet, rør af og til.
b) Rør pebermynteekstrakten i
c) Hæld i krus
d) Pynt med en pebermyntestang

46. Mokka italiensk espresso

Ingredienser :
- 1 kop instant kaffe
- 1 kop sukker
- 4 1/2 kopper fedtfri tørmælk
- 1/2 kop kakao

Vejbeskrivelse
a) Rør alle ingredienser sammen.
b) Kør i en blender, indtil den er pulveriseret.
c) Brug 2 spiseskefulde til en lille kop varmt vand.
d) Server i espressokopper
e) Gør omkring 7 kopper blanding
f) Opbevares i en tætsluttende krukke med låg.
g) Dåseglas fungerer godt til kaffeopbevaring.

47. Chokolade kaffe

Ingredienser :
- 1/4 kop instant espresso
- 1/4 kop instant kakao
- 2 kopper kogende vand - det er bedst at bruge vand, der er blevet filtreret
- Flødeskum
- Finstrimlet appelsinskal eller stødt kanel

Vejbeskrivelse

a) Kombiner kaffe og kakao. Tilsæt kogende vand og rør for at opløses. Hæld i demitasse kopper. Top hver servering med flødeskum, revet appelsinskal og et skvæt kanel.

48. Chokolade Amaretto kaffe

Ingredienser :
- Amaretto kaffebønner
- 1 spsk vaniljeekstrakt
- 1 tsk mandelekstrakt
- 1 tsk kakaopulver
- 1 tsk sukker
- Flødeskum til pynt

Vejbeskrivelse
a) Bryg kaffe.
b) Tilsæt vanilje- og mandelekstrakt 1 tsk kakao og 1 tsk sukker pr. kop.
c) Pynt med flødeskum

49. Chokolade Mint Kaffe Float

Ingredienser :
- 1/2 kop varm kaffe
- 2 spsk Crème de Cacao Likør
- 1 kugle mintchokolade-is

Vejbeskrivelse
a) For hver servering kombineres 1/2 kop kaffe og 2 spsk
b) s af likøren.
c) Top med en kugle is.

50. Kakao kaffe

Ingredienser :
- 1/4 kop ikke-mejeri creamer pulver
- 1/3 kop sukker
- 1/4 kop tør instant kaffe
- 2 spiseskefulde kakao

Vejbeskrivelse
a) Kom alle ingredienser i en blender, blend på høj til det er godt blandet.
b) Opbevares i en lufttæt dåse.
c) Bland 1 1/2 spiseskefulde med 3/4 kop varmt vand

51. Kakao Hasselnød Mokka

Ingredienser :
- 3/4 oz. Kahlua
- 1/2 c op varm hasselnøddekaffe
- 1 tsk Nestlé Quick
- 2 spiseskefulde Halv og Halv

Vejbeskrivelse
a) Kombiner alle ingredienser .
b) S tir

52. Chokolade mynte kaffe

Ingredienser :
- 1/3 kop malet kaffe
- 1 tsk chokoladeekstrakt
- 1/2 tsk mynteekstrakt
- 1/4 tsk vaniljeekstrakt

Vejbeskrivelse
a) Kom kaffen i blenderen.
b) I en kop kombinere ekstrakter, tilsæt ekstrakter til kaffe.
c) Process indtil blandet, kun et par sekunder.
d) Opbevares på køl

53. Cafe Au Lait

Ingredienser :
- 2 kopper mælk
- 1/2 kop tung fløde

- 6 kopper Louisiana kaffe

Vejbeskrivelse
a) Kom mælk og fløde i gryden; bring lige i kog (bobler vil dannes rundt om kanten af gryden), og tag derefter af varmen.
b) Hæld en lille mængde kaffe i hver kaffekop.
c) Hæld den resterende kaffe og den varme mælkeblanding sammen, indtil kopperne er omkring 3/4 fyldte.
d) Skummetmælk kan erstattes med sødmælk og fløde.

54. Italiensk kaffe med chokolade

Ingredienser :
- 2 kopper varm stærk kaffe
- 2 kopper varm traditionel kakao - prøv Hersheys mærke
- Flødeskum
- Revet appelsinskal

Vejbeskrivelse
a) Kombiner 1/2 kop kaffe og 1/2 kop kakao i hvert af de 4 krus.
b) Top med flødeskum; drys med revet appelsinskal.

55. Halvsød mokka

Ingredienser :
- 4 oz. Halvsød chokolade
- 1 spsk sukker
- 1/4 kop piskefløde
- 4 kopper varm stærk kaffe
- Flødeskum
- Revet appelsinskal

Vejbeskrivelse
a) Smelt chokoladen i en tyk gryde ved svag varme.
b) Rør sukker og piskefløde i.
c) Pisk kaffe i med et piskeris, 1/2 kop ad gangen; fortsæt indtil skummende.
d) Top med flødeskum og drys med revet appelsinskal.

KAFFE MED KRYDDERI

56. Orange Krydderi kaffe

Ingredienser :
- 1/4 kop malet kaffe
- 1 spsk revet appelsinskal
- 1/2 tsk vaniljeekstrakt
- 1 1/2 kanelstænger

Vejbeskrivelse
a) Kom kaffe og appelsinskal i en blender eller foodprocessor.
b) Stop processoren længe nok til at tilføje vanilje.
c) Bearbejd 10 sekunder mere.
d) Kom blandingen i en glaskande med kanelstængerne og stil den på køl.

57. Krydret kaffefløder

Ingredienser :
- 2 kopper Nestlé er hurtig
- 2 kopper pulveriseret kaffeflødekande
- 1/2 kopper pulveriseret sukker
- 3/4 tsk kanel
- 3/4 tsk Muskatnød

Vejbeskrivelse
a) Bland alle ingredienser sammen og opbevar i en lufttæt beholder.
b) Bland 4 teskefulde med en kop varmt vand

58. Kardemomme krydret kaffe

Ingredienser :
- 3/4 kop malet kaffe
- 2 2/3 kopper vand
- Malet kardemomme
- 1/2 kop sødet kondenseret mælk

Vejbeskrivelse
a) Bryg kaffe i en dryp-stil eller perkolator kaffemaskine.
b) Hæld i 4 kopper.
c) Til hver portion tilsæt et skvæt kardemomme og 2 spsk kondenseret mælk.
d) Røre
e) Tjene

59. Cafe de Ola

Ingredienser :
- 8 kopper filtreret vand
- 2 små kanelstænger
- 3 hele nelliker
- 4 ounce mørk brunt sukker
- 1 kvadrat halvsød chokolade eller mexicansk chokolade
- 4 ounces malet kaffe

Vejbeskrivelse
a) Bring vandet i kog.
b) Tilsæt kanel, nelliker, sukker og chokolade.
c) Bring i kog igen, skum eventuelt skum af.
d) Reducer varmen til lav og LAD DET IKKE KOGE
e) Tilsæt kaffen og lad den trække i 5 minutter.

60. Vanilje mandel kaffe

Ingredienser :
- 1/3 kop malet kaffe
- 1 tsk vaniljeekstrakt
- 1/2 tsk mandelekstrakt
- 1/4 tsk anisfrø

Vejbeskrivelse
a) Kom kaffen i en blender
b) Kombiner de resterende ingredienser i en separat kop
c) Tilsæt ekstrakt og frø til kaffen i blenderen
d) Process indtil kombineret
e) Brug blandingen som normalt, når du brygger kaffe
f) Gør 8-6 ounce portioner
g) Opbevar ubrugt portion i køleskabet

61. Arabisk Java

Ingredienser :
- 1 pint filtreret vand
- 3 spiseskefulde kaffe
- 3 spiseskefulde sukker
- 1/4 tsk kanel
- 1/4 tsk kardemomme
- 1 tsk vaniljesukker eller vaniljesukker

Vejbeskrivelse
a) Bland alle ingredienser i en gryde og varm op til skummet samler sig ovenpå.
b) Må ikke passere gennem et filter.
c) Rør rundt inden servering

62. Honning kaffe

Ingredienser :
- 2 kopper frisk kaffe
- 1/2 kop mælk
- 4 spiseskefulde honning
- 1/8 tsk kanel
- Dash Muskatnød eller Allehånde
- Dråbe eller 2 vaniljeekstrakt

Vejbeskrivelse
a) Varm ingredienser op i en gryde, men lad dem koge.
b) Rør godt for at kombinere ingredienserne.
c) En lækker dessertkaffe.

63. Cafe Vienna Desire

Ingredienser :
- 1/2 kop instant kaffe
- 2/3 kop sukker
- 2/3 kop fedtfri mælk
- 1/2 tsk kanel
- 1 knivspids nelliker - smag til
- 1 knivspids Allehånde - smag til
- 1 knivspids Muskatnød - juster efter smag

Vejbeskrivelse
a) Bland alle ingredienser sammen
b) Brug en blender til at blende til et meget fint pulver. Brug 1 spsk pr. krus varmt filtreret vand.

64. Kanelkrydret kaffe

Ingredienser :
- 1/3 kop instant kaffe
- 3 spiseskefulde sukker
- 8 hele nelliker
- 3 tommer stang kanel
- 3 kopper vand
- Flødeskum
- Stødt kanel

Vejbeskrivelse
a) Kombiner 1/3 kop instant kaffe, 3 spsk sukker, nelliker, kanelstang og vand.
b) Dæk, bring i kog. Fjern fra varmen og lad stå tildækket i cirka 5 minutter til at trække.
c) Stamme. Hæld i kopper og top hver med en skefuld flødeskum. Tilsæt et skvæt kanel.

65. Kanel Espresso

Ingredienser :
- 1 kop koldt vand
- 2 spsk malet espresso kaffe
- 1/2 kanelstang (3" lang)
- 4 tsk Crème de Cacao
- 2 tsk brandy
- 2 spiseskefulde Piskefløde, afkølet Revet halvsød chokolade til pynt

Vejbeskrivelse
a) Brug din espressomaskine til sin eller rigtig stærke kaffe med en lille mængde filtreret vand.
b) Bræk en kanelstang i små stykker og tilsæt den varme espresso.
c) Lad afkøle i 1 minut.
d) Tilsæt crème de cacao og brandy, og rør forsigtigt. Hæld i demitasse
e) Kopper. Pisk fløden og flyd lidt fløde ovenpå hver kop. Pynt med revet chokolade eller chokoladekrøller.

66. Mexicansk krydret kaffe

Ingredienser :
- 3/4 kop brun farin, fast pakket
- 6 nelliker
- 6 Julienne skiver appelsinskal
- 3 kanelstænger
- 6 spiseskefulde . Rigtig brygget kaffe

Vejbeskrivelse
a) I en stor gryde opvarmes 6 kopper vand med brun farin, kanelstænger og nelliker ved moderat høj varme, indtil blandingen er varm, men lad den ikke koge. Tilsæt kaffen, bring blandingen i kog under omrøring af og til i 3 minutter.
b) Si kaffen gennem en fin sigte og server i kaffekopper med appelsinskal.

67. vietnamesisk ægkaffe

Ingredienser :
- 1 æg
- 3 teskefulde vietnamesisk kaffepulver
- 2 teskefulde sødet kondenseret mælk
- Kogende vand

Vejbeskrivelse

a) Bryg en lille kop vietnamesisk kaffe.
b) Knæk et æg og kassér hviderne.
c) Kom blommen og den sødede kondenserede mælk i en lille dyb skål og pisk kraftigt, indtil du ender med en skummende, luftig blanding som ovenstående.
d) Tilsæt en spiseskefuld af brygget kaffe og pisk det i.
e) Hæld din bryggede kaffe i en klar kaffekop, og tilsæt derefter den luftige æggeblanding ovenpå.

68. tyrkisk kaffe

Ingredienser :
- 3/4 kop vand
- 1 spsk sukker
- 1 spsk Pulveriseret kaffe
- 1 kardemomme bælg

Vejbeskrivelse
a) Bring vand og sukker i kog.
b) Fjern fra varmen - tilsæt kaffe og kardemomme
c) Rør godt rundt og kom tilbage til varmen.
d) Når kaffen skummer op, skal du tage den af varmen og lade jorden bundfælde sig.
e) Gentag to gange mere. Hæld i kopper.
f) Kaffegrumset skal sætte sig, før det drikkes.
g) Du kan servere kaffen med kardemommestangen i koppen - dit valg

Tyrkisk kaffe tips
h) Skal altid serveres med skum på toppen
i) Du kan anmode om, at din kaffe skal males til Turkish Coffee - det er en pulverkonsistens.
j) Rør ikke efter hældning i kopper, da skummet vil falde sammen
k) Brug altid koldt vand, når du forbereder
l) Fløde eller mælk tilsættes aldrig til tyrkisk kaffe; sukker er dog valgfrit

69. Græskarkrydrede latte

Ingredienser :
- 2 spsk græskar på dåse
- 1/2 tsk græskartærtekrydderi, plus mere til pynt
- Friskkværnet sort peber
- 2 spsk sukker
- 2 spsk ren vaniljeekstrakt
- 2 kopper sødmælk
- 1 til 2 skud espresso, ca. 1/4 kop
- 1/4 kop tung fløde, pisket indtil faste toppe dannes

Vejbeskrivelse

a) Varm græskar og krydderier op: I en lille gryde ved middel varme koges græskarret med græskartærtekrydderiet og en generøs portion sort peber i 2 minutter, eller indtil det er varmt og dufter kogt. Rør konstant.

b) Tilsæt sukkeret og rør, indtil blandingen ligner en boblende tyk sirup.

c) Pisk mælk og vaniljeekstrakt i. Varm forsigtigt op ved middel varme, hold øje med det, så det ikke koger over.

d) Blend forsigtigt mælkeblandingen med en stavblender eller i en traditionel blender (hold låget godt nede med en tyk klud håndklæder!), indtil den er skummende og blandet.

e) Bland drikkevarerne: Lav espressoen eller kaffen og fordel mellem to krus og tilsæt den opskummede mælk.

f) Top med flødeskum og et drys græskartærtekrydderi, kanel eller muskatnød, hvis det ønskes.

70. Karamel Latte

Ingredienser :
- 2 ounces espresso
- 10 ounce mælk
- 2 spsk hjemmelavet karamelsauce plus mere til at dryppe
- 1 spsk sukker (valgfrit)

Vejbeskrivelse
a) Hæld espressoen i et krus.
b) Læg mælken i en bred glas- eller glaskrukke og lad den stå i mikrobølgeovnen i 30 sekunder, indtil den er meget varm, men ikke kogende.
c) Alternativt kan du varme mælken op i en gryde ved middel varme i cirka 5 minutter, indtil den er meget varm, men ikke kogende, hold øje med det omhyggeligt.
d) Tilsæt karamelsaucen og sukker (hvis du bruger) til den varme mælk og rør, indtil de er opløst.
e) Brug en mælkeskummer til at skumme mælken, indtil du ikke kan se nogen bobler, og du har et tykt skum, 20 til 30 sekunder. Rør glasset rundt og bank det let på tælleren gentagne gange for at få de større bobler til at springe. Gentag dette trin efter behov.
f) Brug en ske til at holde skummet tilbage, og hæld mælken i espressoen. Hæld det resterende skum ovenpå.

KAFFE MED ALKOHOL

71. Rom kaffe

Ingredienser :
- 12 oz. Friskmalet kaffe, gerne chokolademynte, eller schweizisk chokolade
- 2 oz. Eller mere 151 Rom
- 1 stor kugle flødeskum
- 1 oz. Baileys Irish Cream
- 2 spsk chokoladesirup

Vejbeskrivelse
a) Frisk mal kaffen.
b) Brygge.
c) Læg 2+ oz i et stort krus. af 151 rom i bunden.
d) Hæld den varme kaffe i kruset 3/4 af vejen op.
e) Tilsæt Bailey's Irish Cream.
f) Røre rundt.
g) Top med den friske flødeskum og dryp med chokoladesiruppen.

72. Kahlua Irish Coffee

Ingredienser :
- 2 oz. Kahlua eller kaffelikør
- 2 oz. Irsk whisky
- 4 kopper varm kaffe
- 1/4 kop piskefløde, pisket

Vejbeskrivelse
a) Hæld en halv ounce kaffelikør i hver kop. Tilføj en halv ounce irsk whisky til hver
b) kop. Hæld dampende friskbrygget varm kaffe i, rør rundt. Ske to dynger
c) spiseskefuld flødeskum på toppen af hver. Serveres varmt, men ikke så varmt, at du svider dine læber.

73. Baileys irske cappuccino

Ingredienser :
- 3 oz. Bailey's Irish Cream
- 5 oz. varm kaffe -
- Dessert topping på dåse
- 1 streg Muskatnød

Vejbeskrivelse
a) Hæld Bailey's Irish Cream i et kaffekrus.
b) Fyld med varm sort kaffe. Top med en enkelt spray dessert topping.
c) Støv dessert topping med et skvæt muskatnød

74. Brandy kaffe

Ingredienser :
- 3/4 kop varm stærk kaffe
- 2 ounce brandy
- 1 tsk sukker
- 2 ounce Heavy Cream

Vejbeskrivelse
a) Hæld kaffen i et højt krus. Tilsæt sukkeret og rør for at opløses.
b) Tilsæt brandy og rør igen. Hæld cremen, over bagsiden af en teske, mens du holder den, lidt over toppen af kaffen i koppen. Dette gør det muligt at flyde.
c) Tjene.

75. Kahlua og chokoladesauce

Ingredienser :
- 6 kopper varm kaffe
- 1 kop chokoladesirup
- 1/4 kop Kahlua
- $\frac{1}{8}$ teskefulde stødt kanel
- Flødeskum

Vejbeskrivelse
a) Kombiner kaffe, chokoladesirup, Kahlua og kanel i en stor beholder; rør grundigt.
b) Server straks. Top med flødeskum.

76. Hjemmelavet kaffelikør

Ingredienser :
- 4 kopper sukker
- 1/2 kop instant kaffe - brug filtreret vand
- 3 kopper vand
- 1/4 tsk salt
- 1 1/2 kop vodka, højbestandig
- 3 spsk vanilje

Vejbeskrivelse
a) Kombiner sukker og vand; kog indtil sukker er opløst. Reducer varmen til at simre og lad det simre 1 time.
b) LAD AFKØLE.
c) Rør vodka og vanilje i.

77. Kahlua Brandy kaffe

Ingredienser :
- 1 ounce Kahlua
- 1/2 ounce brandy
- 1 kop varm kaffe
- Flødeskum til topping

Vejbeskrivelse
a) Tilsæt Kahlua og brandy til kaffen
b) Pynt med flødeskummet

78. Lime Tequila Espresso

Ingredienser :
- Dobbelt shot espresso
- 1 skud hvid tequila
- 1 frisk lime

Vejbeskrivelse
a) Kør en skive lime rundt i kanten af et espressoglas.
b) Hæld et dobbelt skud espresso over is.
c) Tilføj et enkelt skud hvid tequila
d) Tjene

79. Sødet brandy kaffe

Ingredienser :
- 1 kop friskbrygget kaffe
- 1 oz. Kaffelikør
- 1 tsk chokoladesirup
- 1/2 oz. Brandy
- 1 Dash Kanel
- Sød flødeskum

Vejbeskrivelse
a) Kombiner kaffelikør, brandy, chokoladesirup og kanel i et krus. Fyld med friskbrygget kaffe.
b) Top med flødeskum.

80. Middagsfest kaffe

Ingredienser :
- 3 kopper meget varm koffeinfri kaffe
- 2 spiseskefulde sukker
- 1/4 kop lys eller mørk rom

Vejbeskrivelse
a) Kom meget varm kaffe, sukker og rom i en opvarmet gryde.
b) Dobbelt efter behov.

81. Sød ahornkaffe

Ingredienser :
- 1 kop halv og halv
- 1/4 kop ahornsirup
- 1 kop varmbrygget kaffe
- Sødet flødeskum

Vejbeskrivelse
a) Kog halvt og halvt og ahornsirup i en gryde ved middel varme. Under konstant omrøring, indtil den er gennemvarmet. Lad ikke blandingen koge.
b) Rør kaffe i, og server med sødet flødeskum.

82. Dublin drøm

Ingredienser :

- 1 spsk instant kaffe
- 1 1/2 spsk Instant varm chokolade
- 1/2 oz. Irsk flødelikør
- 3/4 kop kogende vand
- 1/4 kop flødeskum

Vejbeskrivelse
a) I et irsk kaffeglas placeres alle ingredienser undtagen flødeskummet.
b) Rør til det er godt blandet, og pynt med flødeskum.

83. Di Saronno kaffe

Ingredienser :
- 1 oz. Di saronno amaretto
- 8 oz. Kaffe
- Flødeskum

Vejbeskrivelse
a) Blend Di Saronno Amaretto med kaffe, og top derefter med flødeskum.
b) Server i et irsk kaffekrus.

84. Baja kaffe

Ingredienser :
- 8 kopper varmt vand
- 3 spiseskefulde instant kaffe granulat
- 1/2 kop kaffelikør
- 1/4 kop Crème de Cacao likør
- 3/4 kop flødeskum
- 2 spiseskefulde halvsød chokolade, revet

Vejbeskrivelse
a) Kombiner varmt vand, kaffe og likører i en langsom komfur.
b) Dæk til og varm op på LAV 2-4 timer. Hæld i krus eller varmebestandige glas.
c) Top med flødeskum og revet chokolade.

85. Praline kaffe

Ingredienser :
- 3 kopper varmbrygget kaffe
- 3/4 kopper Halv-og-halv
- 3/4 kopper fast pakket brun farin
- 2 spsk smør eller margarine
- 3/4 kop Praline likør
- Sødet flødeskum

Vejbeskrivelse
a) Kog de første 4 ingredienser i en stor gryde over medium varme, under konstant omrøring, indtil de er gennemvarmede, må ikke koge.
b) Rør likør i; server med sødet flødeskum.

86. Vodka kaffe

Ingredienser :
- 2 kopper mørk brunt sukker - fast pakket
- 1 kop hvidt sukker
- 2 1/2 dl vand
- 4 kopper pecan stykker
- 4 vaniljebønner delt på langs
- 4 kopper vodka

Vejbeskrivelse
a) Kom brun farin, hvidt sukker og vand i en gryde ved middel varme, indtil blandingen begynder at koge. Reducer varmen og lad det simre i 5 minutter.
b) Placer vaniljekorn og pekannødder i en stor glaskrukke (da dette giver 4 1/2 kopper Hæld varm blanding i en krukke og lad afkøle. Tilsæt vodka
c) Dæk tæt og opbevar på et mørkt sted. Vend krukken hver dag i de næste 2 uger for at holde alle ingredienserne samlet. Sit blandingen efter 2 uger og kasser faste stoffer.

87. Amaretto cafe

Ingredienser :
- 1 1/2 dl varmt vand
- 1/3 kop Amaretto
- 1 spiseskefulde instant kaffekrystaller
- Flødeskum topping

Vejbeskrivelse
a) Rør vand og instant kaffekrystaller sammen i et mikroovnsfad.
b) Mikrobølgeovn afdækket, på 100% effekt i cirka 3 minutter eller bare indtil dampende varm.
c) Rør Amarettoen i. Server i klare glaskrus. Top hvert krus kaffeblanding med noget desserttopping.

88. Cafe Au Cin

Ingredienser :
- 1 kop kold stærk fransk ristet kaffe
- 2 spsk granuleret sukker
- Dash kanel
- 2 oz. Tawny port
- 1/2 tsk revet appelsinskal

Vejbeskrivelse
a) Bland og bland i en blender ved høj hastighed.
b) Hæld i afkølede vinglas.

89. Pigget Cappuccino

Ingredienser :
- 1/2 kop halv og halv
- 1/2 kop friskbrygget espresso
- 2 spiseskefulde brandy
- 2 spsk hvid rom
- 2 spiseskefulde mørk crème de cacao
- Sukker

Vejbeskrivelse
a) Pisk halvt og halvt i en lille gryde ved høj varme, indtil det bliver skummende, cirka 3 minutter.
b) Fordel espressokaffe mellem 2 kopper. Tilsæt halvdelen af brandy og halvdelen af crème de cacao til hver kop.
c) Pisk igen halvt og halvt og hæld i kopper.
d) Sukker er valgfrit

90. Gælisk kaffe

Ingredienser :
- Sort kaffe; frisklavet
- Skotsk whisky
- Rå brun farin
- Ægte flødeskum; pisket til det er lidt tykt

Vejbeskrivelse
a) Hæld kaffen i et opvarmet glas.
b) Tilsæt whisky og brun farin efter smag. Rør grundigt.
c) Hæld lidt let pisket fløde i glasset over bagsiden af en teske, der er lige over toppen af væsken i koppen.
d) Det skal flyde lidt.

91. Rye Whisky kaffe

Ingredienser :
- 1/4 kop ahornsirup; ren
- 1/2 kop rug whisky
- 3 kopper kaffe; varm, sort, dobbelt styrke

Toppings:
- 3/4 kop piskefløde
- 4 tsk ren ahornsirup

Vejbeskrivelse
a) Topping-Pisk 3/4 kop flødeskum med de 4 teskefulde ahornsirup, indtil det danner en blød høj.
b) Fordel ahornsirup og whisky mellem 4 forvarmede varmebestandige glaskrus.
c) Hæld kaffe i til 1 tomme fra toppen.
d) Topping med ske over kaffen.
e) Tjene

92. Cherry Brandy kaffe

Ingredienser :
- 1/2-ounce kirsebærbrandy
- 5 ounce frisk sort kaffe
- 1 tsk sukkerflødeskum
- Maraschino kirsebær

Vejbeskrivelse
a) Hæld kaffen og kirsebærbrændevinen i en kaffekop, og tilsæt sukkeret for at søde.
b) Top med flødeskum og en maraschino kirsebær.

93. Dansk kaffe

Ingredienser :
- 8 c Varm kaffe
- 1 c mørk rom
- 3/4 c sukker
- 2 kanelstænger
- 12 nelliker (hele)

Vejbeskrivelse
a) Kombiner alle ingredienserne i en meget stor gryde, dæk til og hold ved lav varme i ca. 2 timer.
b) Server i kaffekrus.

94. Whisky Shooter

Ingredienser :
- 1/2 dl Skummetmælk
- 1/2 kopper almindelig fedtfattig yoghurt
- 2 tsk sukker
- 1 tsk instant kaffepulver
- 1 tsk irsk whisky

Vejbeskrivelse
a) Kom alle ingredienser i en blender ved lav hastighed.
b) Blend indtil du kan se, at dine ingredienser er inkorporeret i hinanden.
c) Brug et højt rysteglas til præsentationen.

95. Gode gamle irske

Ingredienser :
- 1,5 ounce Irish Cream Liqueur
- 1,5 ounce irsk whisky
- 1 kop varmbrygget kaffe
- 1 spsk flødeskum
- 1 skvæt muskatnød

Vejbeskrivelse
a) Kombiner Irish cream og The Irish Whisky i et kaffekrus.
b) Fyld kruset med kaffe. Top med en klat flødeskum.
c) Pynt med et drys Muskatnød.

96. Bushmills Irish Coffee

Ingredienser :
- 1 1/2 ounce Bushmills irsk whisky
- 1 tsk brun farin (valgfrit)
- 1 streg Crème de menthe, grøn
- Ekstra stærk frisk kaffe
- Flødeskum

Vejbeskrivelse
a) Hæld whisky i en irsk kaffekop og fyld kaffe til 1/2 tomme fra toppen. Tilsæt sukker efter smag og bland. Top med flødeskum og dryp creme de menthe på toppen.
b) Dyp kanten af kop i sukker for at dække kanten.

97. Sort irsk kaffe

Ingredienser :
- 1 kop stærk kaffe
- 1 1/2 oz. Irsk whisky
- 1 tsk sukker
- 1 spsk flødeskum

Vejbeskrivelse
a) Bland kaffe, sukker og whisky i et stort mikroovnkrus.
b) Mikrobølgeovn på høj i 1 til 2 minutter . Top med flødeskum
c) Vær forsigtig, når du drikker, kan have brug for et øjeblik til at køle af.

98. Cremet irsk kaffe

Ingredienser :
- 1/3 kop irsk cremelikør
- 1 1/2 kop friskbrygget kaffe
- 1/4 kop tung fløde, let sødet og pisket

Vejbeskrivelse
a) Fordel likøren og kaffen mellem 2 krus.
b) Top med flødeskum.
c) Tjene.

99. Gammeldags Irish Coffee

Ingredienser :
- 3/4 kop varmt vand
- 2 spiseskefulde irsk whisky
- Dessert topping
- 1 1/2 skefulde instant kaffekrystaller
- Brunt sukker efter smag

Vejbeskrivelse
a) Kombiner vand og instant kaffekrystaller. Mikroovn, utildækket, tændt
b) 100 % kraft i cirka 1 1/2 minut eller bare indtil den er dampende varm. Rør irsk whisky og brun farin i.

100. Flødelikør Latte

Ingredienser :
- 1-delt flødelikør
- 1½ del vodka

Vejbeskrivelse
a) Ryst med is og sigt over i et Martini- glas.
b) god fornøjelse

KONKLUSION

Med hver opskrift nydt og hver aromatisk note værdsat, afslutter vi vores rejse gennem siderne i "A Coffee Lovers Recipe Collection" Smagssymfonien, duftens poesi og præsentationens kunstneriske evner samles i kaffefremstillingsområdet. . Som du har opdaget, er kaffe ikke bare en drink; det er en oplevelse, der engagerer alle dine sanser og fanger øjeblikke i tiden.

Vi håber, at disse opskrifter har antændt en nyfunden passion for at lave kaffe og inspireret dig til at eksperimentere med smag, teknikker og personlige præg. Lad glæden ved at brygge din egen kop af perfektion fylde hver dag med et strejf af elegance og nydelse.

Fra hjertet af kaffekulturen til din, tak fordi du var med på denne rejse. Må din kaffe altid brygges til perfektion, og må hver tår bringe dig tættere på essensen af ægte lyksalighed.